JN418891

윤주희 시집

책나무
출판사

시인의 말

꽃바람에 휘청거리며
숱한 담금질로
전생마저 토설하고

꽃자리 수런거리니
실어증을 앓고 있다

애간장 탄 울음에
발이 달렸다

햇빛이 자글거리는 날
전설의 우담바라
그 은화를 찾으리라

2020년 여름 승학산 자락에서

윤주희

| 목차 |

시인의 말 · 7

1부

할미꽃 · 10 / 옛 추억의 의령 · 12 / 시간은 흐르는데 · 14 /
시간이 삐걱거린다 · 17 / 희망의 경자년 · 18 / 잠자리 · 20 /
노을 진 낙동강 · 21 / 불씨 · 22 / 에덴공원 고전음악당 · 24 / 아버지 · 25 /
어머니 · 26 / 해바라기 · 27 / 낙엽의 비애 · 28 / 장맛비 속의 수인사 · 29 /
단상 · 30 / 무관심 · 31 / 홍부암 · 32 / 화포천의 봄 · 33 / 떨림 · 34 /
덩실거리는 봄 · 35 / 봄의 물결 · 36

2부

비내리 · 38 / 작약꽃 · 39 / 새봄 · 40 / 해밀 · 41 / 무엇이 그대들을 · 42 /
아들아! · 43 / 몸부림 · 44 / 봄이 귀에 걸렸다 · 45 / 극락조 · 46 /
느린 바람에 길든 갈대꽃 · 47 / 장유사 화신 · 48 / 새옹지마 · 49 /
에덴공원 · 50 / 신어산의 서정 · 52 / 장척계곡 가는 길 · 54 / 열대야 · 55 /
2018년의 폭염 · 56 / 너럭바위 · 57 / 해반천 · 58 / 그 기억을 찾다 · 59

3부

염화미소 · 62 / 달구비 · 63 / 천문대 산책길 · 64 / 연꽃 예찬 · 65 /
장곡사 · 66 / 의문투성이 · 68 / 빗방울 소리에 · 69 / 수련 · 70 /
왜 몰랐을까요 · 71 / 빨간 해바라기 · 72 / 가을 잔상 · 73 /
고추잠자리 · 74 / 가을 속으로 · 75 / 중용 · 76 / 선지사 · 78 /
단풍의 밀어 · 80 / 영구암 풍경 소리 · 81 / 가을의 전령 · 82 /
수로왕릉의 가을 · 83 / 회한 · 84

4부

백련사 · 86 / 무상심 · 87 / 산그리메 · 88 / 비바람이 두렵지 않다 · 90 /
피안을 부른 장맛비 · 91 / 바람의 분신 · 92 / 승학산 별리 · 93 /
장송곡 · 94 / 곡비 · 95 / 갈망 · 96 / 산바람 · 97 / 열정 · 98 / 원점 · 99 /
연(緣)에 부싯돌이 되어 · 100 / 반추 · 101 / 수덕사 · 102 /
상처 없인 머물 수 없는 둥지 · 104 / 백야행 · 105 / 야화 · 106 /
바람이려니 · 107

시평 / 상생의 공간을 채워가는 존재 탐색 · 108
우영규(시인 · 문학평론가)

1부

할미꽃

이슬처럼
사라진 연정
서럽고 애처로워

일편단심
애(哀) 끓이며
상사곡 읊조리니

모진 세월
애간장 탄
심연의 넋두리

임이여 구박 마오
설부화용(雪膚花容)* 아니지만
천박하진 않구려

화풍난양(和風暖陽)* 벗하니
금사화*
부럽지 않다오

*설부화용: 눈처럼 흰 살결과 꽃처럼 고운 얼굴.

*화풍난양: 화창한 바람과 따뜻한 햇볕.

*금사화: 비단으로 만든 꽃.

옛 추억의 의령

방학이 되면 의령 큰집을 찾아
휘영청 달 밝은 밤 대청마루에 두런두런
언니들과 정다운 얘기 나누던 그때가 그립다
수산다리 밑 통나무배에 버스를 얹어
강을 건너 마순이란 동네에 다다르면
또 나룻배 타고 낙동강을 건너야 했기에
바람이 얄밉게도 휭허케 불면
꽁꽁 언 강을 건널 수 없어
입술이 까칠하니 부르트도록
강가 오두막에서 사공의
나룻배를 하염없이 기다려야만 했다
기억을 거슬러
유년의 밤이 생각나면
언제나 하늘에서 내려준 큰 두레박에 앉아
강을 건너는 꿈을 꾸었다

고향 찾는 고단한 여정에
구세주를 기다리는 마음이 잠재했던지
성인이 되어 어려운 일에 봉착해

쉽게 일이 풀리지 않을 때도
하늘에서 크나큰 두레박을 내려주는 꿈을 꾸고 나면
신기하게도 일이 잘 풀렸다
지금은 집 안까지 차가 들어가 옛 자취 간 곳이 없다
대나무 숲 울창한 곳에 주둥이 깨진 긴 술 항아리가
긴 세월을 자랑하듯 나뒹굴며
감나무에 구렁이 칭칭 감아 내 집이라 표시하면
뒷간을 못 가고 바들바들 떨기만 했었다
이미 늙어 베어 버린 지 오래된 감나무 배나무
밑동만 남아 갖가지 들꽃이 자리하고
파란 이끼 낀 그곳에는 개미가 들락날락,
뒤뜰에 퐁퐁 샘솟던 옹달샘은 세월 속에 저절로 막혀
빗물만 한가득 그리움을 저장했다
이제 울창했던 대나무숲의 비애도 자취를 감췄지만
어릴 적 그 아름답던 추억들이
스크린처럼 뇌리를 투시한다
나의 살던 고향은 꽃피는 산골 복숭아꽃 살구꽃
노래 가사 속 같은 정겨운 내 아버지의 고향
경남 의령군 낙서면 정곡리 730번지 대숲 마을
유년의 내 놀이동산은 영원하리라!

시간은 흐르는데

밤은 또 소리 없이 찾아든다
시간은 흐르는데
밤의 정적은 서서히 몰려들고
난 또 세레나데의 선율에 젖는다
사람들은 삶 속에서 무엇을 갈망할까
물처럼 출렁이는 물결을 일으키며
그렇게 변화하는 삶이 되어야만 하는 걸까

서서히 어둠의 그림자가 몰려오지만
번민의 시간도 병행한다
삶이란 실천하지도 못할 일을
말로만 하는 현실 앞에
그저 자연의 변화에 순응하면서
그렇게 주어진 시간만 죽이며
다람쥐 쳇바퀴 돌듯
로봇처럼 움직이는 삶인데
늘 생각하며 숨을 쉬는 공간이지만
지구가 돌고 도는 현상과 무엇이 다를까

무엇을 그리 간절하게 갈망하기에
이렇게 칩거하고
스스로 갇히기를 원하면서
컴퓨터와 씨름하며 살아가는 것일까
돌아오지 않을 하루는
금쪽같은 시간인데
얼마나 다양한 지식의 매개체를 찾아 헤매는가
과연 어떠한 삶이 현명한 삶인가

내 삶 속에 믿음의 소중함은
늘 병마의 침입으로
이율배반만 안겨주고
난 또 그 믿음을 향하여 이렇게
또 다른 현실과 투쟁을 하여야만 하는가
믿자 또 믿자 하고 주술을 걸어본다

현실은 늘 내 마음속과는 판이하게 비켜만 가고
믿음의 발등을 찍히는 삶이지만
내가 살아 숨을 쉬는 삶에서는

인내하고 먼저 용서하는 삶은
나를 편하게 하는 삶이리라

그래 내일은 또다시
부딪히는 대로 살아가리라
나를 사랑하고 나를 믿으며
화두로 삼은 생각의 번뇌를 떨쳐버리기 위해
열심히 기도하며 살아가다 보면
또 다른 희망을 그려줄 것이기에

시간이 삐걱거린다

절기는 곪아가며
새로운 무늬를 몸에 새긴다
오래된 울음이 배어 나올 듯
제비꽃이 보랏빛 멍울로 피었다
세상의 모든 꽃이 상처에서 피어나듯이
한세월 어우렁더우렁 얽히고설켜
잔생(殘生)을 퇴적하며
바람옷을 갈아입다 날개를 달겠지
시간이 삐걱거린다
혹독한 겨울을 견딘 상처마저 품어버리는
생각의 경계가
벌 떼처럼 윙윙거린다
열려있는 것이 귀뿐인지
바람칼은 허공을 가른다
저녁놀이 얼큰하다
노을 끝자락이 끌리는 소리
가슴을 쓸고 가는 노을 빛살……

희망의 경자년(庚子年)

생에 물음표를 던진다
세월이 빚어낸 생을 살아가면서
사유와 성찰의 시간이 널뛰기하기에
생명을 가진 것에 의지하고픈 본능일까

행운목을 키우며 여린 잎새가
초롱초롱한 별밭이길 바랐다
깊어가는 모든 것에 시름이 있다지만
생의 올무를 벗으려고 산사를 찾는다
열두 달의 경계가 가르쳐준 것은
인내와 느슨함이었다

기해년(己亥年)이 저물어 간다
벼랑으로 내몰려 금이 간 생각들을
또랑또랑한 햇살 속에 던졌다
이제 쟁쟁이는 금빛 햇살로
육신의 때를 말끔히 씻고
번뇌의 때도 씻어버리련다

덩두렷이 드러나는

경자년(庚子年)은
수렁을 건너온 인내에 묵념하며
애오라지 날빛 봄이 터지길
소원 담아 불 밝히며
새 희망을 움켜잡으련다

잠자리

앞만 보고 날아다니는 잠자리야 넌,
후퇴도 모르고 전진만 하니
목숨 내놓고
명령에 움직이는 무사 같구나
꼭 널 닮은 나도 대쪽같이
절개 지키면 열녀 났다
하늘에 상급 받을 줄 알았지

그러기에 세월과 병정놀이하며
미움이 생기면 하늘에다 활쏘기하고
원망이 생기면 나무에다 물총 쏘기를 했단다
참으로 생뚱맞았단다
이제, 이순에
내 몰골은 빛바랜 영정 닮았단다

아직도
두 눈은 봉사가 되라 하고
두 귀는 귀머거리 되라 하니
내생에는 소나무로 태어나고 싶단다

노을 진 낙동강

늦은 오후 낙동강 하구언
지난 시절 한 많은 사연이
핏빛으로 얼굴 붉히네

찰랑찰랑 찰랑
하염없이 흔들리는
끼룩끼룩 슬픈 너의 목소리

성성한 갈대의 몸부림
그렇게 부대껴도
차마 눕힐 수 없는 몸

노을빛 물든 눈망울에
어둠은 두렵지 않지만
별도 달도 덩달아 투신하네

불씨

작은 몸뚱이가
바람에 날려
종잇장처럼 구겨진 날

된통 맞은 바람에
시린 눈물 뚝뚝 흘리며
원 없이 울었어

매서운 바람이
사정없이 때려주며
아린 마음에 생채기를 냈기에

기댈 곳 없는
고독이 옴팡져
한달음에 가려고 했었어

나 이렇게라도
버틸 수 있었던 것은
희망 불씨 때문이었어

종일 문풍지처럼 떨렸던 가슴
야단법석 마음에도
무지개는 피었어

에덴공원 고전음악당

청잣빛 높은음자리 새털구름 하늘하늘
발걸음도 가벼운 에덴공원 봄나들이

화사한 햇살 안고 산들바람에 홀랑홀랑
북쪽 하늘 쳐다보며 하느작거리는 백목련

노란 그리움에 한껏 부푼 개나리
흐드러져 걸쩍대는 나비 닮은 날갯짓

고전음악당 솔바람카페 휘파람 소리
사락이는 나뭇잎 새들의 노래 흥겨워라

폴폴 날리는 황톳길 따라 졸랑졸랑 뒤따르는
강아지와 탱고 추며 신바람이 났었지

늙은 소나무는 청솔모의 놀이터
힘차게 돌고 뛰며 숨바꼭질에 여념 없고

연분홍 벚꽃 외롭다 손짓하니
흥겨운 메시지 하나 허공에다 새겼네

아버지

산모퉁이 돌고 돌아
양지바른 산자락에
산새들도 지지배배
아롱진 양지꽃 제비꽃
아버지! 당신이셨군요
밤낮으로 간절한 소망 담아
보고픔을 졸였더니
봄빛 타고 오셨나요?
바람 바람 꽃바람에
당신 마음 전해주며
햇살 아래 다소곳한 눈빛
바람결에 꽃내음 실리네요

어머니

흰머리 빗어 넘긴
이마엔 검버섯이
세월 테를 새기고
말굽 같은 손등엔
주름이 자글거려도
언제나 내 가슴엔
꽃보다 아름다운
당신이랍니다

해바라기

바짝 엎드린 빗방울
자그락 잘각
애간장 탄 울음에
발이 달렸다
해바라기꽃들은
빗속에서 수런거리며
꽃 피운다
심한 몸살을 앓고,
잎잎이 나비춤 추며
서러이 잊혀가는
삶의 수렁들
일생이 팽팽하다
어스름 한가운데
촉수를 내린 빗살
숙성된 어둠의 빛에
정좌한다

낙엽의 비애

인연의 굴레에
가을이 덫을 씌운다
낙엽마다
제 빛깔의 사연 있다지만
형형색색
열 내기에 분주하다
이파리의 자국마다
눈시울 붉히는 갈바람
휑하니 굉음을 울리며
뒹구는 낙엽 몰아다
햇살 속으로 침몰한다
낙엽!
넌 어쩌다
세월 따라 허적이다
갈 길 잃고 방황하는가?

장맛비 속의 수인사

산사에 메아리치는
여스님의 독경 소리 구슬프고
장맛비 두들겨 맞으며
휘청거리는 소나무들
비의 담금질로 득도하나 보다

운무 쌓인 와우산 정기에 취해
풍경 소리 벗하느라 날갯죽지 젖어
미처 날지 못한 새 한 마리
빗속에 살아남기 위한 몸부림으로
연통 속에서 눈망울 굴리며 눈치만 살핀다

비바람을 맞고 선 범종이 속울음을 울린다
마음에 깨침이 있음 그 어떤 흔들림에도
들뜸 없이 열락에 취하리라
연잎에 쪼르르 구르는 빗소리가
낯선 경계의 여진을 홀연히 감싸 안는다

단상

한땐, 피자두처럼
탱탱했었다
무수한 물거품을 일으키며
삼킬 듯한 육신의 고통에
표류한 적이 있었다
스쳐 지나가는
모든 형상에다 의미를 부여하며
바람꽃을 피우기도 했었다
문득 저녁놀을 바라보는데
뜨거운 씨알 하나가
가슴에 싹을 틔운다
딱 하루치의 근심만 바람에 맡겨
그 바람마저 발가벗겨 보고 싶다
이마저도 부질없는 내 욕심일까?
마알간 허공만 키질한다

무관심

대화를 단절시키는 무관심
의도된 대화는 독백에 지나지 않기에
진실한 언어를 애써 구하지도 않는다
갈수록 언어의 진실성이 퇴색된다

마음 깊은 곳에서 우러나온 언어들
요즘 세태에선 종래 무소식이다
무관심은 부재를 통해서도
그 실체를 느낀다

시간의 그물코 속에서도
무관심은 꿈틀거린다
생은 조금씩 아름다워지려는데
나직한 흐느낌으로 다가오는 단절

그 어떤 대상에 관심을 가졌던
기억 꼬리가 아슴아슴하다
분명 내 곁에서 주저앉은
무관심은 그 이유가 있으리다

홍부암

입때껏 세속에 집착한다
비워도 비워도
불나방처럼 날아드는
탐욕의 부스러기다
오르락 내리락,
화려한 불빛을 좇다
몸이 타들어가는 줄 몰랐다
삶은 고가 아니라
명검을 만드는 담금질이라 했다
성심으로 염향한
기도의 파동으로
삶을 날빛으로 물들이고 싶다
오늘은 빗소리마저
훌딱 벗고 홀딱 벗으란다
내 마음속에 들어앉은 저 일주문
언제쯤 박차고 나가련가?
햇빛이 자글거리는 날
전설의 우담바라
그 은화를 찾으리라

화포천의 봄

실개천이 모여든 화포천은
국내 최대 하천형 배후습지,
꽃샘바람에 숭숭 뚫린
봄의 전령을 읽는다
온몸에 물이 올라 수런거리는 들꽃들
낭창하게 꽃놀이하는 갯버들
황소개구리의 떼창
붉은머리오목눈이와 멧새의 날갯짓
서슬이 빛난다
하양 꽃들은 제 본새로 피고 지고
창포와 노랑어리연꽃
강아지풀은 바람에 푸드덕거리다
덩실거리며 양 날개를 달았다
묵은 추억들에 풍경이 울린다
무더기로 실루엣을 만들어 가는
화포천 언저리를 맴돌며
깊어가는 오월 속에
어스레한 그림자처럼 내가 서 있다

떨림

터질 것 같은 봄의 향연
홍성거림에 두 눈이 시리다
산등성이마다 일렁이는 불꽃
수런거리는 꽃자리

꽃향기에 마음껏 취하여
비틀거려도
갈증 난 봄앓이는
쉽게 가라앉질 않는다
아니, 소갈증에 걸려 허우적댄다

아름다운 날에 이 황홀한 떨림!
신나게 달리며 방실거리던 봄이
황혼기를 맞으면
누굴 원망하며
타달거릴 것인가?

덩실거리는 봄

부르튼 햇살이
너울너울
살랑 바람에
꽃들은 방실거리고

흐드러진
봄의 물결
꽃향기로 진동하니
노을빛에 노닐던 새 떼
흥겨운 장단 맞추네

꿈은 해몽
삶은 해석이라
세월 따라 흐르는 게
우리네 인생

봄의 물결

희로애락의
뒤엉킴 속에서도
휘둘림을 내려놓고
자아를 찾는 시간에
꽃들과 새들의 노랫소리 들으며
존재의 희망을 품는다
봄빛 한 줄기 오롯하게
제 갈 길을 찾는다
여기저기
봄의 물결이 출렁인다

2부

비내리

에덴공원 솔바람이 그리웠다
비 비 비
소나무 사이에서
비 타령이 계속 들려오고,
봄을 재촉하는 비를 기다리는데
이름 모를 새는 첫인사가 비비비비
하늘에 먹구름이 드리운다
비가 내리려나
새의 흔적은 어디에도 없었다
두 귀를 의심했다
비비비 비비비비
다시 듣고 싶은데 감감무소식이다
비내리라 지을까?

작약꽃

겹겹의 붉은 작약꽃잎
헤아릴 수 없는 꽃술의 속내가
자못 궁금하다
모란꽃 피면 작약꽃 핀다는
전설 속 뭇 사연들
어쩜 은애하는 그 세월을 차곡차곡
제 속살에다 쌓았겠다
조브장한 어깨의
존재감이 드러난다
바라보는 내 눈이 끔쩍끔쩍
자연 색채의 경이로움이다

새봄

먼 산에 물빛이 아롱인다
추위를 뚫고 새 떼들이
마알간 하늘을 밀어젖힌다

세월을 잊은 그리움의 나이테
겹겹이 쌓여가며
목청을 한껏 북돋우고

맑은 햇살의 속살거림
꽃샘추위에 덜 깬
꽃봉오리 터트린다

해밀

샛바람은 날을 세워
예감을 쉽게 베었다

너울거리며 밀려드는 귀엣말
바람의 메아리가 되어 잠방거린다

결빙된 추억이 아린다
들은 게 병이 되었을까

벼랑을 내렸다
맑은 하늘가에 너울가지가 부러진다

무엇이 그대들을

참으로 의뭉합니다
찔레꽃 흐드러지게 피워놓고
임 오셨다 날 불러도
전혀 관심이 없으며
못 만나도 슬프지 않습니다
그러나 맹골수도
세월호 침몰로
피 끓던 청춘들 억울한 산화에는
하늘도 울고 땅도 울고
붉게 이울어지는 노을도
피울음을 토하고……
나도 지는 꽃잎처럼 하롱거리며
목 놓아 울고

아들아!

인생에서 진다는 말은 필요가 없단다
무엇이든지 모르면 배워서라도 꼭 이겨라
많이 배우고 후회하는 사람은 없더라

네가 어려운 일에 부딪혀 좌절할지라도
그 속에서 경험하며 느낀 게 있을 것이니
같은 실수는 되풀이하지 말아라

이 우주의 주인은 바로 너이기에
살아가는 데 도움이 되는 책을 많이 읽어
변화하는 세상에 지혜를 얻길 바란다

몸부림

두렁 삶이 아파 못내 풀어내는
들꽃의 간당간당한 몸부림에
가슴속 텃논에다 못줄을 띄운다

심연을 헤적이는 꽃바람
멀미를 감당하지 못해
자연경을 읽는데
공중의 수군거림이 번져간다

자드락길에 잠시 쉬었다 가는 꽃빛들이
허공의 옹알이들과 어깨동무를 하고
시간은 몸부림의 경계를 허물어트린다

봄이 귀에 걸렸다

봄이 귀에 걸렸다
초록의 불씨들과
햇살이 온 산에 퍼지면
봄의 조율사는
자맥질을 서두른다
산수유 매화꽃 벚꽃 개나리 백목련
온통 꽃산을 휘감고 돌아
꽃등불을 환히 밝힌다

극락조

타오르던
정염의 불길
안으로만 곱 삭여가며

피 말리며
숨죽였던
인고(忍苦)의 나날

홀로 삼매경
단장곡으로
달래보고

오백 생 인연
향 살라
관음을 갈구하는 여인

느린 바람에 길든 갈대꽃

갈대가 되어
바람 위에 눕고 싶은 날
깊이를 알 수 없는
시간에 여울이 진다
초심(初心)의 꿈이
긴 꼬리를 감추고
소리 없는 여진을 남긴다
느린 바람에 길든 갈대꽃처럼
스쳐가며 스스로 울림을 주는
그런 삶이고 싶다

장유사 화신(化身)

표류하는 사유
아름작거리며
그 내력을 읽는다

꽃향기마저 익어
느리게 교차하는
잔영(殘影)

조율할 수 없는
열꽃의 자맥질
숨이 차다

새옹지마

다솔사 돌 틈새 삐쭉하게 고갤 내민 새싹들
돌담에 속삭이던 햇발 동무 삼아
옹기종기 서로서로 깨금발이다

애면글면 살아가는 저들의 모습에서
돌연히 떠오르는 생의 이치는
한 치의 오차도 없이 정확하게 윤회를 한다

황망하게 앞만 보고 나는 새를 잡으려고
정신없이 좇아가는 개 닮은꼴의 삶이다
곁눈질 한 번 하지 않고 앞만 보고 열심히 달리면
그게 행복의 지름길인 줄 알았다

달도 차면 기울고 때가 되면 바닷물 빠지듯이
자연의 이치와 섭리 따라 삼라만상이 한 몸이듯이
감당했던 시련의 끝은 반드시 있으리라

에덴공원

비 갠 에덴공원
휘뚤휘뚤 솔밭 길 따라
산뜻한 발걸음 콧노래 흥겨워라

화사한 햇살 안고
소나무 벗 삼아 동행할 적에
춤추는 휘파람 소리

낭랑하고 우렁찬 산새 소리
먹장구름 휘덮인
잿빛 하늘 낮은음자리

원한 서린 매미들의
장송 행진곡
허희탄식 칠 년 세월

앙증맞은 들꽃
알록달록 어여쁜
무지갯빛 감흥

어느 님의 기원인가
돌무덤에 올라앉은
간절한 합장

신어산의 서정

자욱한 안개에 싸여
수묵화를 그리는 신어산
몇 번의 비바람에 산등성이가 부풀어 오르고
산 빛이 짙어졌다
꼬물꼬물 거리던 풀씨들이
서로서로 키 재기를 하는
웃음소리가 왁자하다
산책객들의 발길에 짓뭉개진 꽃들
그 흔적들이 아프다
곳곳에 여름을 알리는 전령사
입하목으로 그늘을 키우며
투레질로 뒤척이는 이팝나무꽃
신어산을 풍성하게 만들어
흰 눈이 덮인 것처럼 장관을 이룬다
우리나라에서 가장 크고
꽃이 아름답기로 유명한 이팝나무는
경남 김해시 주촌면 천곡리에 있는 천연기념물 307호
꽃이 많이 피고 오래가면 풍년이 든다 해서
기상목, 혹은 천기목(天氣木)이라 하여
기후를 예보하는 지표 나무로 삼았단다

참 아름다운 자연 풍광이다
정처 모를 비행기가 날아간다
비행기의 굉음에 질세라
새 떼들의 비행 소리가 징글징글하다
여전히 삶은 요란하지만
초록의 소리는 절대로 요란하지 않다

장척계곡 가는 길

자글자글 땡볕이 쏟아지는 날
잠자리들이 마지막 목말을 타고
길가 밭둑에 우뚝하니
늙은 호박이 둥글넓적,
복덩이 삼고 싶을 만큼 탐스럽다
돈비 듬뿍 넣어 호박죽 쑤어 주시던
먼 길 가신 시어머님이 생각난다
계곡 바람에 흔들리며
이름 모를 풀꽃들이 얼굴을 내민다
어찌 제멋대로 자라나는 잡초라 해서
이름이 없을까마는 시간이 흐르고,
여우주머니, 장구채, 주름조개풀이라는 걸 알았다
울창한 삼림과 큰 암석들이 조화를 이루는
상동 장척계곡
자연 품이 그리운 날에는
계곡물 소리 들으며 피안을 찾고 싶다

열대야

까슬까슬
빛이 바스러지고
탱탱한 여름이 속살을 내놓았다

선머슴 같은 햇살 속에
길섶마다 오불꼬불
한여름을 채색한다

하늘까지 퉁기는
대지의 열기에
우렁찬 함성이 무르익는다

세상이 온통 불덩이다
고단한 삶에
무언의 저항도 불덩이다

세상의 불덩이가 폭발한다

2018년의 폭염

1994년 그해 여름,
폭염이 계속되면서 전국적으로 많은 사람이 사망했다
올해도 과연 살인 더위를 실감한다
뉴스에선 올여름이 94년 여름의
폭염 기록을 경신할 거라는 예보다
계속되는 폭염에 대처하는 요령을 터득해
몸소 실천하면서
건강한 여름 나기를 빌어본다
그래도 절기는 못 속인다고
선선한 바람 불어올 가을이 다가올 것이기에
희망을 품어본다
폭염 속 길가 자귀나무꽃이 흐드러지고
배롱나무꽃도 그늘을 그리워하며
산바람을 부채질한다
이 시각 드높아진 매미 울음소리는
오늘도 폭염을 알리는 것 같다

너럭바위

반들거리는 너럭바위의
나이테가 뜨겁다
숭숭 구멍이 뚫린 채
물속에 주저앉아
무얼 잘못했기에 매일매일
제 몸 부서가며
물매를 맞는지
곧 으스러질 것 같아
퍽퍽하다
세월의 바람 앞에
너도 앓는 소리 들리네

해반천

샛바람이 바람의 갈피를 찢는다
멀리 올올이 바람에 날리는
산 풍경이 팔랑거리고
노느매기하던
하 숱한 길을 허덕허덕

낮은 자리의 들꽃들이 수런수런
새물내로 앞다투어 꽃 피우니
수런거림이 낯익다
느릿한 걸음에 감성이 묻어난다

물오른 날이다
꽃송아리들이 너나들이하며
톡 터질 것 같다
초록 물결이 찰랑댄다
해반천 물소리도 짤랑인다

그 기억을 찾다

함안 여항산 계곡
가을 덫에 홀린 코스모스가
비파를 켠다
엄마는 어제의 기억을 잃었어도
젊었을 때부터 좋아했던 일은
어김없이 기억을 찾아서 행하신다,
산책 겸 나선 산길에 뒤뚱거리시며
떨어진 밤과 도토리를
한 알씩 주워 모아
해맑은 미소 지으시며
양쪽 호주머니에 가득 채우신다
세 아들과 사위들이 좋아하는
도토리묵을 쑤어 줄 것이란다
모성 본능에 울컥,
소슬바람이 부채질한다

3부

염화미소

동림사 대웅전 앞마당을 들어서니
홀연 목탁 소리 울린다
여름은 절간 속의 화폭으로
처마 끝 풍경과 함께
고만한 위치에 바람 없이 걸려있다
잔바람에도 속없이 빗장을 열었다
일체유심조라, 빌고 또 빌고
천년만년 불어댈
그 어떤 바람 앞에서도
꺼질 리 없을 그 기도의 제목을
내가 훔치려 한다
삶이 고단할수록 향기도 강하리라
모든 조건 지어진 형상은
변화하고 흩어지게 마련인 것
사유하는 삶에 진리의 강물!
남은 생에 수수께끼로 흐르며
함부로 읽힐 수 없는 생이라지만
일체 경계가 내 탓이라
시나브로 염화미소를 찾는다

달구비

빗소리에
튕겨져 나오는
저 편린들
누가 던져주고 간
화두일까?

깊어갈수록
홀로 발걸음 딛는
저 빗소리!
긴 여운의
소름을 쟁인다

천문대 산책길

에움길
발길에 지망하게 흔들리는
이름 모를 들풀들
명지바람에 제 몸을 말리고

산새들 파들대는 숲길 따라
정처 없이 걷노라면
허방을 짚어
온 길 더듬어 되작이다

해가 거우듬히 넘어갈 즈음
노을빛에 실린
허기진 풍경들
미적미적 길 따라 종종인다

연꽃 예찬

고혹하고 도도한 그대여
결코 진흙에 물들지 않고
청정함과 원만함으로
바라만 보아도 화평케 하니
내 어찌, 그대 모습에
넋을 잃지 않으리오

한 가닥 촛불 빛이 어둠을 가시게 하듯
은은한 향기로 온누리를 맑게 하며
그 어떤 바람이 불어도
정녕 흔들리지 않았으니
내 어찌, 그대를 은애하며
닮고 싶지 않으리오

장곡사

뻥튀기처럼
파삭 부서질 땡볕에
시위적시위적
가을이 걸음마를 시작했다
금강석도 뚫을 것 같던
매미 울음 잦아들고
열대야를 가르는
거대한 가위질에
소슬바람의 흩청을 깔며
가을 사랑이 익어간다
장척 계곡 근처
장곡사에
댓잎이 바람 눕히는 소리
풀잎들이 스적스적
가을 손님 맞이하는 소리
상처를 품고 앓아누워
빗물에 말갛게 씻긴 새 울음소리
노스님 홀로 치르는
저녁 예불에 경읽는 소리
갑작바람은

바람 바퀴를 굴리고
더불은 불심에
가족의 염원을 굴린다

의문투성이

햇살이 똑똑 부러지는 날
화사한 웃음을 퍼먹으며
배롱나무의 꽃봉오리들은
화덕에 불을 붙였다
물음표와 마침표를 찍는
하루의 일과는
새벽녘 별빛처럼 깜박거린다
잠든 밤공기를 부욱 찢으며
시간은 깨금발을 디딘다
전신의 무력감에
능금 볼이 된 얼굴 위로
얼음장 같은 폭포수를 갈망한다
너울을 일으키며
자객처럼 불쑥 치솟는 애증의 그림자,
만나고 또 헤어지고
생은 의문투성이로
하루를 마감케 한다

빗방울 소리에

욜랑욜랑
밤을 흔드는 빗방울 소리
소풍 나간 정령들
소롯이 잠이 든다

시름없이 이우는 바람에
사유가 나래를 타고
자잘하게 이는 상념 속
빗방울 연주는 아슬한 곡예를 한다

몸이 젖어 꿉꿉하지만
파사한 슬픔은 나래를 접고
해종일 또박또박 써 내려간
외가닥 연가는 몽당붓이 된다

수련(睡蓮)

그리워했습니다
보고파 했습니다
몹시도 기다렸습니다

그리움에 지쳐
주저앉고 싶었을 때도
그대 생각하며 견뎌냈습니다

오매불망(寤寐不忘) 그리던 임

연꽃 은익(銀翼) 타고
해맑은 모습으로 오시니
내 마음 커다란 희열을 얻습니다

울음 없이도 밝게 빛나는
순백의 인연은
후회 없는 생의 그리움입니다

왜 몰랐을까요

당신만 바라보는
하늘이
저렇게 높다는 것을
예전엔
왜 몰랐을까요

승학산에 만개한
억새보다
더 곧고 깊게 속이 꽉 찬
당신의 사랑을!

빨간 해바라기

솟대 위에
앉은뱅이 오리처럼
그리움 그렁그렁한
눈물꽃으로 피어나

호롱불 같은
꿈망울 켜놓고
꽃발꽃발 걸어가며

새벽닭이
울음 잃고 낳은
아침의 태양

가을 잔상

낙동강 하구에 갈 숲이 서걱서걱
한 줌 햇살을 껴안고
부대끼는 갈대의 넋을 불러다
서글픈 정사의 흔적을 남기며
절제하지 못하는 사랑을 강요한다
어느 곳에서 붙들려 왔는지
무심한 갈바람만
만남과 이별의 종착지를 표시하며
소리로 일어나고 소리로 마지막을 고하는
철새들의 울음소리만 요란하게 귓전을 때린다
양지 뜰 구절초가 마지막 꺼져가는
생명을 지피려 안간힘을 다해
앙증맞은 모습을 애써 감추려 든다
어둠이 가만히 내려앉는 강가
소리 없는 잔무늬만 일렁인다

고추잠자리

소슬바람 좇아
걷노라면
나는 한 마리 고추잠자리

새털구름 따라
분주한 날갯짓
동 동 동, 파 리 리 릭

너와 내가 그리는 하늘빛 풍경
부지런한 손끝 갈무리하며
빨갛게 상기된 가을 여인

사알짝 얼굴 붉힌
단풍잎 사이로
종횡무진 가을을 삼킨다

가을 속으로

갈바람 안고
재잘대는 계곡의 가을
탱고 춤추는 구절초

맨발로 찰방거리던
들뜬 마음
먹장구름에 갇히고

까치 반김에
홀연히 영생 길 떠난
추억이 되살아나

단숨에 들이킨
통한의 나날
가슴에 품은 화두 하나

여우비 내 눈물 되어
나풀거리는 운무 속
얼음골 메아리로 남았네

중용(中庸)

보름달이 이지러졌다
무슨 억하심정이었는지
안하무인(眼下無人)이다
과유불급이라 했거늘,
굽은 솔이 선산을 지킨다고
장자가 아무리 중용을 취해
무슨 일이든지 살살하라지만
진정한 도(道)를 아는 것은
먼저 의심하는 데에서 시작한다 했다
그래서였을까?
잘못한 게 없다 주장하는 사람에게
잘못을 했다고 말하는 것도
상대를 잘 알지 못하면서
쉽게 속단을 하고
단정 짓는 것도 도리가 아닐 것이고
할 말을 다 못하고 사는 사람이
속병이 난다는 말도 딱 맞는 것 같다
손바닥 위에 올려두고 불면
날아갈 새털도 아니고
자다가 홍두깨라더니

중화(中和)의 이치를 깨닫는다
호랑이굴에 들어가야
호랑이를 잡는다니
수행에 담금질이라 생각하련다

선지사

주촌면 선학산 자락의
천년 고찰 선지사
세월의 더께를 간직한 벽화에
선학이 내려앉아 노닐고
아주 오래전에는
절에 간 사람들이 먹을 만큼만
쌀이 나오는 뒤주가 있었다는 전설이 있다
가야문화의 전통과 맥을 잇고자
중국 운남성에 위치한 공죽사의
오백나한을 보고 만들었다는
오백나한의 성지로
영산전이 주불전(主佛殿)이다
오백나한은 전부 수행자의 모습이기에
장유화상, 원효대사, 달마조사, 육조혜능, 의상대사의 상을
보기만 했는데도
오염된 내 마음이 베인 듯하다
선뜻 심화한 아픔에
들불처럼 번지는 번뇌와
벼랑으로 내몰려 금이 간
생각들로 까무룩 하다

천년을 묵묵히 기다려온 침묵 속
쟁쟁이는 불경 소리에
육신의 때를 말끔히 씻어
덩두렷이 남기는 빛 하나 있기를
기도의 회랑에서 소원한다

단풍의 밀어

잉태를 위해 바빴던 몸짓으로
빈자리 차곡차곡
쌓아 두었던 단풍의 밀어
쭉정이가 된 가슴에 공허를 이룬다

세월의 이랑에 틈새가 생겼다
연이 다하면 결국은 사라지는가?
낙엽 빛에 반사되어 옮겨가는
발길마다 안겨드는 시린 내음

투명한 쪽빛 하늘가
잡을 수도 없는 산그리메
탱탱한 가을 정취에
팽팽한 고요가 詩꽃을 피운다

영구암 풍경 소리

놀빛에 득음이 날아다니는
신이 빚은 신어산 골짜기
아름드리 소나무 군락 이루어
그 푸르름이 하늘에 닿는다

사시사철 산새들의 노래를
반기는 바람의 너울춤
뒹구는 낙엽 스산하지만
시의 말 걸어놓은 풍경이 술렁인다

침묵의 뚝심으로 무심한 바람에다
벼랑에 선 경계 풀어
소유의 울타리를 허물고
불가해한 생을 받아들인다

심연에는 새살이 돋아나고
어제를 애타게 달리던 심장은
쌔근쌔근 근심을 눕히니
전생의 신비가 한낮의 꿈같이 스친다

가을의 전령

절기상 백로가 지나고
꽃 지는 소리 눈으로 들은 요 며칠
뎅겅 잘려 나가는 꽃송이
새들새들 말라가며
폭 꼬꾸라지는 꽃대들
꿋꿋했던 한 생애가 경이롭다
모난 돌이 돌탑을 받쳐주듯
오종종 모여 꽃파도로 일렁이며
각자 제 모습대로 절기를 받쳐준 꽃들에게
삶의 희열을 느끼며 꽃잠을 잤었다
이제, 가을바람 반기며 가슴 뚜덕이는 소릴 듣는다
키 작은 코스모스와 고추잠자리, 보랏빛 소국
마알갛게 꽃등을 켜며
오묘한 자연의 이치를 알린다

수로왕릉의 가을

해그림자 긴 꼬리를 내릴 때
수로왕릉, 가을 넋에 취해
발걸음이 더뎠다

노을은 서서히 몸을 뒤트는데……

사유의 이정표를 잃고는
할 말을 잊은 채
단풍 든 물만 성급하게 들이켰다

저문 바람에 우수수
제 갈 길 잃은 낙엽들이
너울거리며 바스러진다

회한

돌아오지 않을 시간
전신을 파고드는
회한의 회초리

음침한 독소 뻗쳐
거침없이
피 빨아대는 흡혈귀

어이 하나를 주고
둘을 얻을까
가뭇없이 사라져 버려

4부

백련사

새소리 초록 비로 내리는 백련사
햇볕 아래 다소곳한 들꽃의 눈빛
꽃이 진다고, 어찌 시절 바람을 탓하리

헛헛한 경내에
간간이 추임새 넣는 산바람
묵언에 들면서 아련한 빛을 남긴다

내 가슴에 불타는 연리지
태워라! 아낌없이 태워라
천년의 침묵도 시간을 거스른다

무상심(無常心)

부처님 전
금강경으로 앉힌 여의보주
민들레 홑씨, 바람 따라
터 잡아 뿌리내리듯
연기(緣起) 따라 돌고 도는 생,
빈손 들고 왔다
빈손으로 가는 생에
연연할 게 그 무엇일까
고운 햇살 한 줌 같이
곱게 피다지는 나팔꽃같이
유유하게 흐르는 물같이
세월에 순행하며
때가 되면 안식을 찾아
눕는 것이 인생이겠지
정처 없이 떠도는 영혼의 방랑자
그도 무상심 갈구하며 떠돌았을까?
우리 일생도 그러하리라

산그리메

붉은 아우성은
골 비우고
조금씩
아주
조금씩……,

다가서면
잡힐 듯
잡히지 않는
산그리메

그땐
왜
미처
깨
닫
지
못했을까?

그

촉촉한

몸

부

림을

비바람이 두렵지 않다

해당화 피고 지는 을숙도 강 나루터
조잘대는 비바람에 빗방울이
불협의 음정으로 바람을 탄다
물 위로 떼구루루
빗방울이 파문으로 일렁인다
물무늬의 결 따라
갈대의 부대낌 성성해도
비는 그 어떤 바람도 두려워하지 않는다
오히려 제 소명 다하려고 몸부림이다
비바람에 상념이 흔들려도
내면의 심지는 굳건하다
파문의 그림자가 길어도 밟히지 않는다
비릿한 물 내음이 코끝을 찌른다
모래가 밀려와 삼각주를 형성하니
그 보금자리는 비비새의 삶터이다

피안을 부른 장맛비

망자의 4재를 맞아
수인사 부처님 전 향 사르고,
주지 스님의 염불 소리 심금을 울리는데
장맛비 두들겨 맞으며 휘청거리는 나무들
비의 담금질로 득도를 했나 보다

운무 쌓인 와우산 정기에 취해
풍경소리 벗하느라 날갯죽지 젖어
미처 날지 못한 새 한 마리
연통 속에서 눈망울 굴리며 눈치만 살핀다
그도 이 빗속에 살아남기 위한 몸부림이었으리

산사에 메아리치는
여스님의 독경 소리 구슬프고
망자를 그리는 회한은 끝없는데
연잎에 쪼르르 구르는 빗소리만
오롯하게 가슴을 파고든다

바람의 분신

바람의 굵힘에 경계를 세운다
허공 소리와 세상의 풍문에 귀 기울이다
계절 사이로 멍든 시간이 흘러도
나이테의 불꽃은 일렁인다

바람 속에 살 내음이
야화를 피우며
세월의 추가 흔들린다
그 세월의 추는 바람의 분신이다

살아있는 것은
다 움직인다고 했던가?
어둠에 깔린 바람이
갈피를 잠재우고 쉴 곳을 찾는다

승학산 별리

저물도록 함께한 들꽃의 사연들
어설피 달빛에 노출되어도
하늘바라기는 꽃을 피우지 않는다
꽃입술과 달빛의 포옹
가슴에 불이 붙었다
살살이꽃의 한들거림
얼굴 비비던 억새의 감촉
혀끝은 타들어 가는데,
스스로 부대끼며 흐느끼는
모든 인연은 통속하거늘
무엇이 안타까워
삶의 메아리로 울려 퍼지는가
그 무엇이 서러울까
세월 속에 이별은 쉬 다가오는 법
비워내는 것도 깨달음이다

장송곡

노을빛이 설핏한 날
장송곡이
환청처럼 들려온다
앙가슴이 아리고
애잔함은 전율을 불러
찡하니 눈물샘을 자극한다
어둠은 덫처럼 다가온다
이별의 반추가 위통처럼 예리하다

곡비

햇빛 주렴 사이로 흐물흐물
낙엽 시체가
줄줄이 엮어져 있다
자연 품이 그리웠나 보다
우리 살아가노라면
오욕칠정(五慾七情)이 살비늘 돼
저 낙엽처럼 똑똑 떨어지겠지

갈망

겨울바람 소꿉놀이하는 창공에
아슬아슬하게 곡예 하는 철새들

눈동자에 아롱진 함초롬한 얼굴이
철새들의 군무 속에 아른거린다

설렘이 희열로 다가선 순간
바람의 컹컹거림이 자아를 일깨운다

매서운 바람은 잦아들지 않고
이별의 반추는 위통처럼 예리하다

첫눈의 갈망이여
이 겨울에 또 열병을 앓게 하는가?

산바람

예고 없는 기상이변이다
제멋대로 나부끼던 산바람이
산등성이에 부딪히고
강물에도 부딪히고
결국은 제자리에서
팽이처럼 뺑뺑이다
몸부림을 치지 못해
제풀에 꺽꺽거린다
그 꺽꺽거리는 산바람에다
함박눈이 잠시
바지랑대를 세웠지만
갑자기 휘돌기로 몰아친 산바람에
속절없이 무너진다
삶의 불행이 준비 없이 닥친다면
가벼움과 무거움도
내 몫이겠다

열정

아우러지는 보고픔에
꽃 한 송이 피워 놓고
환상 속 일렁이는
무지갯빛 감흥은
봉곳한
그리움의 물꼬

원점

칼바람 희끗한
세모의 길목에는
장승 닮은 안개등만
홀로 깜박이고
앙상한 가지 위
위태롭게 지탱하던
마지막 남은
잎새의 장송곡에
때 묻은 세월이
나부낀다

연(緣)에 부싯돌이 되어

오지랖을 넓힌 무게를 감당하려다
불바람의 올에 엮이어
불가측(不可測)의 날개를 퍼덕거렸다
묵은 굴레는 하나도 풀지 못한 채
삶의 진액을 허투루 흘리지 않으려고
묵묵히 독경으로 아상을 깨웠더니
시간은 낭창낭창 번뇌를 휘감아대며
화두를 댕긴 화톳불에 파르르 까무러친다

반추(反芻)

세월을 삼킨
무언의 삶이 저항한다
무엇을 얻고자 동동걸음 치며
억척스럽게 살았는지
그 흔적은 찾을 길이 없다
시간의 메아리는
내 귀에만 들리지 않았다
갈애 속에서도
희망 탑은 공들였다
그러나 바늘구멍 같은 틈새도
자유를 허용치 않았다
밑 빠진 독에 물 붓기 식의
공허함만 가득하다
시련의 응답이 천천히
아주 느리게 다가올지라도
순탄한 삶만을 염원한다
세월을 역행할 순 없지만
더는 운명에 대항하지 않겠다

수덕사

수덕과 덕숭의 애달픈 사랑
수덕사 관음바위 틈
버선꽃으로 환생했다

노래 가사 속
애절한 여승의 그 사연,
수덕여관 나혜석 굴뚝에
슬픈 향기로 火했어도

견성암에 머무른
여승의 혼백
열반 길이 외롭지는 않았겠다

제 몸을 불사르는 노란 은행잎
낙엽이 된 그 길 위로
곡조를 울리는 풍경 소리

내 발길에 챈
가을 수채화 한 폭
삶에 호곡장이라 명하리

임향한 일편단심
홀연한 무지개라 하여도
덕숭산 수덕사에 관음으로 피어났다

상처 없인 머물 수 없는 둥지

등 굽은 소나무에
햇빛이 파스처럼 착 달라붙었다
가까스로 목숨을 연명하는 안쓰러움
측은지심이 발동한다
울컥거리는 바람을 다스리는데,
새들은 따발총을 쏘아대고
누추를 입고 저무는 갈대처럼
오늘따라 내 마음이
머리 풀어 헤친 갈대다
지붕 없는 새들의 둥지
내 마음에도 지붕이 없다
누구라도 좋다
내 마음의 빗장을 열어
내 마음에 둥지를 틀어라
그러나 상처 없이는
머물 수 없는 내 둥지에
뼈를 깎는 아픔을 참지 못한다면
오래 머물지는 못하리라
깊이 벨수록 강한 내 천성이
등 굽은 소나무 닮았다

백야행(白野行)

소리 없는 태동이었다
굳이 너의 존재를 알리지도 않았다
내 곁에 네가 있음을 확인하라는 듯
하얀 그림자를 드리웠다
붉게 단풍 든 나뭇가지에
마치 쌀가루를 뿌려놓은 듯한
은백색의 실루엣으로
그 황홀한 비경에 눈이 부셨다
몇 년 만에 확인한 이 환희심
함께 숫눈 밟고 싶어 목이 길었던 날들
천상에서 못다 이룬 꿈을 손꼽아
이렇게 늦가을에 첫눈 내려
그 꿈을 이루려고 했니?
못내 애달픈 이 그리움
목마름은 백야행으로 치달린다

야화

어둠을 살라 먹고
월궁항아 날개 다니

행여 긍휼히 여기실까
아린 마음 아시려나

달빛 탄 밤이슬
두 손 올린 감로주

동트는 새벽
목이라도 축이소서

바람이려니
- 의령문인협회 이미순

왁다글닥다글 기억의 햇살을 뒤집는다
행복한 삶을 굽고 있는 이미순 시인은
2007년 9월 9일 황금찬 시인의 북한강 문학비 건립식에서
라일락 향기처럼 내게 다가왔다
그날, 우아하고 단아한 모습의 안경 쓴 그녀는
첫 시집 꿈을 파는 여자를 출간해 선물했다
이후, 2013년 두 번째 시집 바람이려니 뒤표지에다
나의 축하 글을 게재하며 내 이름을 올렸었다
시집을 받아 펼쳐보며 깜짝 놀랐고, 진심으로 고마웠다
순간, 시의 행간을 더 마음껏 조일 것이란 예감이 들었다
이 두 번째 시집 바람이려니는
제7회 무원 문학상 본상을 수상했다
그 후로도 예감은 틀리지 않았고, 각종 문학상을 수상하며
천강문학상을 제정한 의령문인협회 회장을 맡아
문학 활동에 디딤돌이 되는 모습을 보고는
문우로서 참으로 자랑스러웠다
이제 이미순 시인은 문인의 길에 무적 소리 울리며
곡비가 우는 게 본분이듯, 시인의 본분을 다할 것이다
이 자리에 이미순 시인의 고마운 마음을 담는다

상생의 공간을 채워가는 존재 탐색

우영규(시인 · 문학평론가)

1.

시를 읽는 각(角)은 여러 방법으로 가능하지만 시 속의 시간만을 주목해 시들을 재독할 때, 낯익은 시가 전연 새롭게 읽히기도 하고 언뜻 쉽게 읽히는 시가 곤혹스럽게 다가오기도 한다. 자칫 감상으로 늘어지던 부분에서 의외의 소회를 느끼기도 하고 이물질처럼 느껴지던 행간들이 매력으로 다가오기도 한다. 이는 한 편의 시에서 시인이 생성하고 창조한 주관적인 시간들이 그 시를 맥동하게 하는 압점이나 통점이 되기 때문이다. 시인이 접하는 어떤 풍경이나 사물의 새삼스러운 발견은 선험적(先驗的)인 예시를 가지고 온다. 그것은 경험이나 혹은 후천적인 결과를 연장하는 촉매로 작용할 때 이는 파편화된 감정이나 생각을 녹여 하나의 사연으로 구축하게 된다. 언제 어디서 어떻게 그 빌미를 얻는 것일까. 그것은 시간 속에서 일어나는 행위의 인과율을 포함하는 정서적인 열림의 한 상태, 즉 현상계에서 솟아내는 사랑의 혼돈을 내적으로 질서화하는 것이다. 따라서 시적 자아와 시간이 길항하는 미묘한 순간들을 포착한 이들 시는 여느 시처럼 언뜻 쉽게 읽히지만, 그러나 각기의 시가 포착한 시간은 잠깐이지만 내면의 시간은 실제 시간보다 훨씬 더 긴 시간으로 환원되는 것이 윤주희 시의 맥이라고 할 수 있다.

시가 언어를 통해 사물을 정확하게 통찰하고 직관하여 맥을 잘 짚어낼 수 있는 대상은 무수히 많지만, 그 가운데서도 특히 시가 가장 까다롭고 정확하게 맥진을 하는 것은 시간성이다. 수없이 명멸하는 찰나들, 일순의 정지 없이 끊임없이 소멸하는 시간성. 시간은 공간과 더불어 인식의 가장 근본적인 형식인 동시에 과거와 현재와 미래로 이어지며 삽시의 머무름도 없이 흐르는, 지극히 객관적인 자연의 질서이면서도 매 순간 가장 주관적으로 경험하게 되는, 그런 무소불위의 힘을 지니고 있다. 이와 함께 윤주희 시인의 시에서 두드러지게 나타나는 것은 세월(시간성), 사랑(외로움), 아픔, 자아 성찰 등이다. 이는 모두 시공간적 존재 탐색에 있으며 시인은 그 존재를 통하여 감응의 동기로 삼는다.

절기는 곪아가며
새로운 무늬를 몸에 새긴다
오래된 울음이 배어 나올 듯
제비꽃이 보랏빛 멍울로 피었다
세상의 모든 꽃이 상처에서 피어나듯이
한세월 어우렁더우렁 얽히고설켜
잔생(殘生)을 퇴적하며
바람옷을 갈아입다 날개를 달겠지
시간이 삐걱거린다
혹독한 겨울을 견딘 상처마저 품어버리는
생각의 경계가
벌 떼처럼 윙윙거린다
열려있는 것이 귀뿐인지
바람칼은 허공을 가른다
저녁놀이 얼큰하다
노을 끝자락이 끌리는 소리
가슴을 쓸고 가는 노을 빛살……

—「시간이 삐걱거린다」 전문

"절기는 곪아가며/새로운 무늬를 몸에 새긴다"며 단호히 말해놓고 그로 인한 상처가 단단히 아물기를 기다리는 포즈를 취하는 자세에서 자아의 존재를 확인하는 것이며 그 존재를 통해 감응하고 있는 것이다. "세상의 모든 꽃이 상처에서 피어나듯이/한세월 어우렁더우렁 얽히고설켜/잔생(殘生)을 퇴적하며/바람옷을 갈아입다 날개를 달겠지"라며 실토하는 과정이 아프다. 발신자는 있으나 수신자가 없는 현실 삶을 이미 인지하고 있는 것이다. 이는 “제비꽃이 보랏빛 멍울로 피었”기 때문이 아니라 ‘멍울’로 보였다는 데에서 대상과의 교감에서 생기는 사랑을 가장한 적극적 외로움이다. 상처와 희망 혹은 기대와 포기를 하나의 혼돈 속에서 음미하는 것으로 구체화된다. 이는 욕망의 광속이 현실의 시간 속에서 굉음의 속도를 피해 비껴간 것으로 묘파한 것이 잘 드러나 있는 것이라고 할 수 있다.

우리는 돌이킬 수 없는 그 어떤 순간들을 막 지나버린 순간들이 있다. 추억이나 상흔처럼 때로는 부드럽게 때로는 광폭하게 흐른다. 그런데 이렇게 흘러가는 시간 속에 어느 한순간 번쩍 빛나는 찰나들이 있다. 그 시간들은 실제 시간보다 한층 더 짧게 느껴질 때도 있지만, 실제 시간보다 훨씬 길게 느껴지는 시간도 있다. 꽃이 피어나는 순간은 찰나지만 영원이고, 기다리는 사람과의 약속 시간은 좀처럼 오지 않는 그런 이치다. 시에서 시간에 대한 인식은 늘 팽팽하게 당겨져 있다. 시란 으레 생래적으로 부재 혹은 결핍에서 탄생하듯이 시 속의 시간도 늘 결핍과 부재를 상정하고 있다.

(…중략…)

돌아오지 않을 하루는
금쪽같은 시간인데
얼마나 다양한 지식의 매개체를 찾아 헤매는가
과연 어떠한 삶이 현명한 삶인가

(…중략…)

나를 사랑하고 나를 믿으며
화두로 삼은 생각의 번뇌를 떨쳐버리기 위해
열심히 기도하며 살아가다 보면
또 다른 희망을 그려줄 것이기에

—「시간은 흐르는데」 中

인연의 굴레에
가을이 덫을 씌운다
낙엽마다
제 빛깔의 사연 있다지만
형형색색
열 내기에 분주하다
이파리의 자국마다
눈시울 붉히는 갈바람
휑하니 굉음을 울리며
뒹구는 낙엽 몰아다
햇살 속으로 침몰한다
낙엽!
넌 어쩌다
세월 따라 허적이다
갈 길 잃고 방황하는가?

—「낙엽의 비애」 전문

시간은 공간과 함께 우리의 삶을 구성하고 규율하는 존재 조건의 한 축이다. 그 시간의 양상은 매우 다양하고도 의미 있는 전개를 이룬다. 그 시간은 '사물과 인간, 오래된 것과 소멸'의 미래를 앞두고 있는 현재적인 것에도 공히 적용된다. 어떨 때는 존재론적인 양태로 나타나고 때로는 우리 삶의 조건을 다루기도 하며, 또 이미지의 옷을 덧입으며 현현되기도 한다. "돌아오지 않을 하루는/금쪽같은 시간인데 (「시간은 흐르는데」 부분)" 지금 내가 무슨 짓을 하고 있나 하고 자신을 되돌아보는 시공간을 마련한 다음 곧바로 "과연 어떠한 삶이 현명한 삶인가 (「시간은 흐르는데」 부분)"라고 자신에게 되묻고 있는 현상은 부재에서 비롯된 아픔을 기꺼이 감당하면서 "생각의 번뇌를 떨쳐버리기 위해/열심히 기도하며 살아가다 보면/또 다른 희망을 그려줄 것이기에 (「시간은 흐르는데」 부분)" 발화자는 시간의 잠복을 두려워하지 않는다. 여기서 무엇보다도 시간을 다루는 그의 독특한 태도를 눈여겨볼 필요가 있다.

시 「낙엽의 비애」에서도 나타나듯이 윤주희의 시는 주체와 대상 간의 균열과 갈등을 다루기보다는 그 불화를 넘어서는 주체와 대상 간의 조화로운 소통을 지향한다. "낙엽마다/제 빛깔의 사연 있다지만/형형색색/열 내기에 분주하다//이파리의 자국마다/눈시울 붉히는 갈바람/휑하니 굉음을 울리며 (「낙엽의 비애」 전문)"어디론가 사라져 가지만 그것은 곧, 결핍을 채워가는 과정일 뿐이다. "넌 어쩌다/세월 따라 허적이다/갈 길 잃고 방황하는가? (「낙엽의 비애」 전문)"라며 되묻는 것 또한 자신이 짊어진 화두의 매듭을 풀지 못한 채 누군가의 답을 기다리고 있다. 즉 소통을 원하는 것이다. 이는 타자에 가탁(假託)한 '나', 또는 타자화된 자아로 받아들여진다. 이는 하나의 의도적 치환으로 볼 수도 있다. '낙엽'으로부터 자아에게 부여된, 모든 페르소나가 벗겨지기를 갈망하는 것이다. 그리하여 그의 시에 나타나는 시간성의 양상이 어떠하든지 간에 그 속에 서정성이라는 미학적 바탕이 깔려 있다고 할 수 있다. 그런 근본적 속성을 바탕에 깔고 있으면서도 그 이면에는 복합적이고도 다양한 현실적 징후들을 시간을 통해 녹여내고 있는 것이다. 그 시간의 양상을 '사물의 시간과 인간의 시간'이라는 말로 요약해 본다면 사물이 가지고 있는 시간과 인간이 가지고 있는 시간이 하나의 텍스트로 엮어져 있음을 그의 시를 통해 알게 된다.

갈대가 되어
바람 위에 눕고 싶은 날
깊이를 알 수 없는
시간에 여울이 진다
초심(初心)의 꿈이
긴 꼬리를 감추고
소리 없는 여진을 남긴다
느린 바람에 길든 갈대꽃처럼
스쳐가며 스스로 울림을 주는
그런 삶이고 싶다

—「느린 바람에 길든 갈대꽃」 中

「느린 바람에 길든 갈대꽃」에서 말하듯이 "갈대가 되어/바람 위에 눕고 싶은 날/깊이를 알 수 없는/시간에 여울이 진다/초심(初心)의 꿈이/긴 꼬리를 감추고/소리 없는 여진을 남긴다"라는 진술의 시간성과 갈대라는 사물은 시간의 공유이다. 여기서 '느린 바람에 길든 갈대꽃'이라는 표현은 사물에 대한 시인의 관점을 말해주는 것이다. 시인은 사물 앞에서 겸허하게 기다리는 태도를 견지하고 시간의 기원을 읽는 것은 인위적으로는 안 된다는 것을 '그런 삶'을 통해 이미 알고 있다. 바람과 갈대를 통한 자신의 초심의 삶을 지향하는 것이다. 갈대가 느린 바람을 먼저 감지해내는 미세한 파장을 통해 사물과 합치되기 위해 기다리는 마치 사제(司祭)의 태도를 취한다. 이는 사물에 심어지고 뿌리내려진 시간의 켜와 흔적 또는 꺼풀과 덮개를 벗겨내는 고고의 시선을 유지한다고 해도 좋을 것이다. 이런 태도에서 보이듯이 시인이 보는 사물의 시간과 인간의 시간이 균형을 이루고 있다는 것을 알 수 있다.

2.

우리는 타인에게서 훼손된 자신의 모습을 읽을 때 '나는 누구인가'라는 질문을 던진다. 또한, 타인으로부터 나를 비추어 보기도 하고 비교해 보기도 한다. 이때 문득 자아를 발견하게 된다. 즉, 대상의 세계와 구별된 인식, 행위의 주체를 발견하게 되는 것이다. 이는 다른 한 편으로 볼 때 스스로의 본모습을 향하는 지향의 일환이다. 무한경쟁 자체가 목적이 되는 현실에서 한 개인의 행위는 기계화나 수치화가 되고 마는데 이러한 행동이 반복되는 세계를 '앙리 르페르브'는 일상이라고 했다. 즉 일상은 노동이나 노동 밖에서의 행동들이 기계적으로 반복되는 공간이다. 그러므로 일상 속의 인간은 자신의 본래성을 잃어버린 훼손된 존재가 되는 것이다. 인간은 이러한 자신의 존재 훼손을 극복하려고 하지만 쉽게 돌이킬 수 없다는 것을 안다. 그러기에 더욱 진정한 자아 찾기에 몰두하려고 하는 것이다. 이 자리가 바로 윤주희 시인이 일탈하는 자리이며 그의 내적 반응과 함께 시가 생성되는 지점이라고 볼 수 있다. 또한, 윤주희 시의 특징은 사물과 결합되는 구도(求道)의 서정이 두드러져 있다. '나'로 비유되는 모든 사물이 그렇다. 젖은 감성으로 그 정서에 무게가 실려 있으며, 사랑과 희망, 일탈과 반성으로 불을 지피는 구도에의 발길이 완만한 상승곡선을 그리고 있다. 그 애틋하고 따스한 정서의 공간은 시인의 마음을 붙들어 앉히기도 하고 그윽하게 물들이기도 한다. 하지만 그 추억과 회자정리는 단순히 어디로 가고 돌아옴, 혹은 무상이 아니다. 그 자체가 보다 나은 삶을 향한 꿈꾸기이며 더 그윽하고 아름다운 세계로 나아가기 위한 지향의 다른 모습이라 할 수 있다. 진솔한 언어의 행진과 그 빛깔들, 아름다운 향토적 정서 길어 올리기, 섬세하고 나긋한 언어 감각, 신선한 감성 자아내기는 한결같이 서정에 뿌리를 내리고 있다. 자신의 삶에 대한 성찰이나 어머니, 아버지에 대한 연민이나 한의 정서와 삶 속의 느낌과 깨달음 등, 일정하게 물러서서 인생을 바라보는 관조의 시편들이 모두 질박한 휴머니티를 거느리고 있는 것은 바로 이런 점 때문이다.

실개천이 모여든 화포천은
국내 최대 하천형 배후습지,
꽃샘바람에 숭숭 뚫린
봄의 전령을 읽는다
온몸에 물이 올라 수런거리는 들꽃들
낭창하게 꽃놀이하는 갯버들
황소개구리의 떼창
붉은머리오목눈이와 멧새의 날갯짓
서슬이 빛난다
하얀 꽃들은 제 본새로 피고 지고
창포와 노랑어리연꽃
강아지풀은 바람에 푸드덕거리다
덩실거리며 양 날개를 달았다
묵은 추억들에 풍경이 울린다
무더기로 실루엣을 만들어 가는
화포천 언저리를 맴돌며
깊어가는 오월 속에
어스레한 그림자처럼 내가 서 있다

—「화포천의 봄」 전문

시인이 수렴해 들어가는 기의의 영역들은 기표의 현란함 속에서도 뚜렷한 방향성을 갖고 있다. 그러한 까닭에 그의 시들은 의미의 집합들이 모여서 커다란 흐름으로 나아가고 있다.

다만, 그 모여서 상상력의 폭과 비유의 넓이에 의해 쉽게 수렴되지 않는 특성을 갖고 있기는 하다. 하지만 그의 시들은 서정적 동일성을 향한 큰 틀 속에 놓여 있고 시인이 내딛는 그 움직임 속에서 그가 펼쳐 보이고자 하는 서정의 화폭을 우리는 충분히 읽어낼 수가 있다. 시의 난해성과 서정적 동일성이 서로의 영역을 구축하면서 새로운 시의 음역을 만들어 내는 것, 그것이 시인이 추구하는 시의 미학이라고 할 수 있을 것이다. 시 「화포천의 봄」에서 보면, "온몸에 물이 올라 수런거리는 들꽃들/낭창하게 꽃놀이하는 갯버들/황소개구리의 떼창/붉은머리오목눈이와 멧새의 날갯짓"들과 함께 화자는 그곳에 머물고 있다. 결핍된 자아를 "꽃샘바람에 숭숭 뚫린/봄의 전령"으로 치부하면서 자신이 그곳의 동일자로 함께하고 있음을 은근히 나타낸다. 다시 말하면 서정의 경계를 넘나들며 위태로운 경계를 지키고 있다. "하얀 꽃들은 제 본새로 피고 지고/창포와 노랑어리연꽃/강아지풀은 바람에 푸드덕거리다/덩실거리며 양 날개를 달았다"고 말해놓고 "묻은 추억들이"이 "무더기로 실루엣을 만들어 가는" 저 풍광들 속에서 화자는 결국 "어스레한 그림자처럼 내가 서 있다"고 실토하지 않는가. 그럼으로써 행위의 주체를 발견하게 되는 것이다. 이는 다른 한 편으로 볼 때 스스로의 본모습으로 향하는 지향의 일환인 것이다.

등 굽은 소나무에
햇빛이 파스처럼 착 달라붙었다
가까스로 목숨을 연명하는 안쓰러움
측은지심이 발동한다

울컥거리는 바람을 다스리는데,
새들은 따발총을 쏘아대고
누추를 입고 저무는 갈대처럼
오늘따라 내 마음이
머리 풀어 헤친 갈대다
지붕 없는 새들의 둥지
내 마음에도 지붕이 없다
누구라도 좋다
내 마음의 빗장을 열어
내 마음에 둥지를 틀어라
그러나 상처 없이는
머물 수 없는 내 둥지에
뼈를 깎는 아픔을 참지 못한다면
오래 머물지는 못하리라
깊이 벨수록 강한 내 천성이
등 굽은 소나무 닮았다

—「상처 없인 머물 수 없는 둥지」 전문

현란한 수사나 기교보다는 일상의 체험에서 우러나오거나 깨달음에서 얻은 감성의 무늬들에 서정의 옷을 입혀 떠올리는 '소나무'가 온건한 듯 뚜렷한 개성을 이루는가 하면, 각별한 미덕으로 읽히게도 한다. 더구나 윤주희의 서정적 자아는 부드러운 감성의 언어들을 거느리고 있기 때문에 언뜻 보기에는 단조로운 느낌을 주지만, 오히려 그런 진솔함이 돋보이는 까닭은 '시는 진실이 가장 큰 덕목'이라는 사실에 충실했기 때문일 것이다. 시가 사물의 순간적 파악, 시인의 순간적 사상과 감정 표출, 인생의 단편적 에피소드, 영원한 현재 등으로 정의될 수 있다면 윤주희의 시는 그런 덕목들을 고루 갖추고 있는 셈이다. 시 「상처 없인 머물 수 없는 둥지」에서 "등 굽은 소나무에/햇빛이 파스처럼 착 달라붙"은 모습을 목격한 화자는 자신의 삶과 닮은 광경을 목도한 것이다. "가까스로 목숨을 연명하는 안쓰러움/측은지심이 발동한다"는 것은 실존적 삶의 존재론과 깊은 관계가 있다. 현실에서 "누추를 입고 저무는 갈대처럼/오늘따라 내 마음이/머리 풀어 헤친 갈대다"라고 말해놓고 처해진 자신을 지붕 없는 새들의 둥지에 동일화하는 묘수를 두고 있다. "내 마음에도 지붕이 없다/누구라도 좋다/…/내 마음에 둥지를 틀어라/…//… 아픔을 참지 못한다면/오래 머물지는 못하리라//깊이 벨수록 강한 내 천성이/등 굽은 소나무 닮았다"는 진술은 '지붕 없는 새의 둥지=화자', '소나무=화자'로 정의해 보면 실존적 삶의 존재를 화두로 침잠하며 깊은 사색을 하고 있다. 다시 말해서 시인의 삶을 바라보는 시선은 치열하고 삶의 카테고리에 스스로를 가두어 놓고 이를 동기화하여 사유하고 있다고 해도 무방할 것이다. 이런 관점에서 보면 그의 시는 인간의 내면에서 생기고 번지고 소멸하여 가는 그 감정들의 미묘한 무늬들을 자연이나 사물에 빗대어 노래하는 감정의 이입, 즉 투시의 양상을 보여준다. 그의 이런 시편들을 읽다가 우리는 더러 함께 연민을 느끼고 아파하거나 기쁨을 같이하게 된다. 때로는 그 감정의 무늬들이 가슴을 훑어 내리기도 하고 여러 겹으로 쌓이기도 한다. 그런 사물과 결합하는 그의 구도적 포즈를 우리는 어렵지 않게 접할 수 있다.

반들거리는 너럭바위의
나이테가 뜨겁다
숭숭 구멍이 뚫린 채
물속에 주저앉아
무얼 잘못했기에 매일매일
제 몸 부셔가며
물매를 맞는지
곧 으스러질 것 같아
퍽퍽하다
세월의 바람 앞에
너도 앓는 소리 들리네

—「너럭바위」 전문

윤주희의 시를 곧추세우는 힘은 삶과 삶 사이에 놓인, 혹은 사물의 시간과 인간의 시간 사이에 놓인 공간을 오브제로 천착하는데 머무르지 않고 더욱 확장된다. 일상의 풍경들에서 현실 세계의 단면들을 예리하게 베어내며 공감의 자리를 만들어 내는 데 있다고 할 수 있다. 이는 과거와 현재에 대한 견제나 삶에 비유되는 체험에서 얻어진 결과물이라고 하겠다. 이러한 어휘들을 분석해 보면 그 언술에서 지속적으로 자기의 감정을 치유시키고 더불어 포괄적으로 수용하고 있음을 알 수 있다. "숭숭 구멍이 뚫린 채/물속에 주저앉아/무얼 잘못했기에 매일매일/제 몸 부셔가며/물매를 맞는지/곧 으스러질 것 같아"서 화자의 가슴이 퍽퍽하다. 삶의 응어리진 소리로 들리고 "세월의 바람 앞에/너도 앓는 소리 들리"는 것을 알게 되는 지점도 사물과 화자가 동시에 표출되는 지점이다.

3.

서정의 본질은 비동일화에 있다. 비동일화는 세계를 자아화하는 동일화를 넘어서 동일화가 갖고 있는 문제를 극복하려는 서정시학의 기획이다. 여기서 말하는 비동일화는 반동일화와는 다르다는 점을 분명히 한다. 비동일화는 타자와 주체의 상호 역동적 구성인 데에 반하여 반동일화는 주체가 타자를 부정하고 배타하며 타자를 고려하지 않는다. 그러나 비동일화는 근원과 현상 사이에 어떤 위계를 상정하지 않는다. 만일 어떤 위계가 있다면 그것을 지워버린다. 주체와 타자 사이의 위계를 해체한 비동일화의 미메시스는 단순한 모방과 구별되는 타자와 주체의 소통의 미메시스이다. 따라서 비동일화에 있어서 미메시스는 근원, 본질, 정신, 형이상학에 대한 복제를 넘어서 그것들과의 상호 '소통'을 의미한다. 말하자면 '소통'은 타자의 주체성과 주체의 타자성을 함께 구성하는 상호 연속성의 발전적 개념이다. 그렇다면 비동일화의 도달점이 타자의 주체성과 주체의 타자성을 상호 구성하는 간주관적 총체성이 되는 것은 자연스럽다. 이러한 관점에서 본다면 비동일화의 본질은 간주관성의 존재론과 마음의 인식론에 있다고 할 수 있다. 이런 맥락에서 윤주희의 시선은 기본적으로 갈구와 사랑을 바탕으로 한다. 달리 말해서 인식의 근처에 늘 자리 잡고 있는 것은 갈구와 사랑이다. 그만큼 그의 시집에는 그런 사유들이 많은 부문을 관류하고 있음을 알 수 있다. 이 말은 전체를 응집시켜나가면서 한 생을 되새김질하며 추억과 참회를 바탕으로 하는 새로움을 꿈꾸고 있다는 것과 같은 말이 되겠다. 그래서 그런 인식을 생명성과 인내심을 표면 장력으로 활용하면서 생을 탐구하고 보편적인 생의 본질을 꿰뚫어 보려 한 점에서 현실 인식이 짙게 깔려 있다고 볼 수 있다.

당신만 바라보는
하늘이
저렇게 높다는 것을
예전엔
왜 몰랐을까요

승학산에 만개한
억새보다
더 곧고 깊게 속이 꽉 찬
당신의 사랑을!

—「왜 몰랐을까요」 전문

간결하면서도 강한 임팩트를 주는 이 시는 그리움의 결정체다. 그리운 이의 마음이 '억새'로 의인화되었다. 드높은 하늘과

억새가 내 마음을 포근히 감싸는 과정은 아름다움의 극치다. 마찬가지로 그립다는 것은 단순한 욕망의 찌꺼기가 아니라 타자와의 '소통'을 갈구하는 것이다. 즉, 사랑한다거나 추억한다거나 하는 것은 '소통'의 변형 이미지다. "하늘이/저렇게 높다는 것을/예전엔/왜 몰랐을까요"라고 거침없이 실토한다. 여기서 화자는 자신에 대한 모든 문제를 인간 보편의 문제로 확대하는 자아 성찰로 구체화되기 시작한다. 일상은 사물과의 상호 관계성으로 나의 본래성을 생성하는 새로운 일상이 된다. 여기에서도 우주적 사물이 개입되는데 이는 존재적의 타자가 아니라 자신을 확인하는 과정 속의 타자일 뿐이다. 다시 말해서 객체가 없는 주체가 있을 수 없고 객체가 존재하지 않는다면 구도(求道)라는 일상이 존재하지 않는다는 말과도 같은 말이다. "승학산에 만개한/억새보다/더 곧고 깊게 속이 꽉 찬/당신의 사랑을!" 알아버린 이상 이는 후회가 아니라 여태 자기 상실의 비참에서 벗어나 비로소 삶의 지향점을 향해 나아가는 포즈야말로 마지막 기회처럼 강렬하게 나타나고 있다.

솟대 위에
앉은뱅이 오리처럼
그리움 그렁그렁한
눈물꽃으로 피어나

호롱불 같은
꿈망울 켜놓고
꽃발꽃발 걸어가며

새벽닭이
울음 잃고 낳은
아침의 태양

—「빨간 해바라기」 전문

인용 시 「빨간 해바라기」가 주는 의미도 그리움을 가장한 시간(세월)이다. 사랑의 원형은 그리움이며 그리움은 시간성이다. 어떨 때는 존재론적인 양태로 나타나기도 하고 어떨 때는 우리 삶의 조건을 다루기도 하며, 또 이미지의 옷을 덧입으며 현현되기도 하고 꿈과 희망의 형태로 나타나기도 한다. 이것은 결코 집착이 아니라는 것을 시로 하여금 오히려 자신의 존재를 확인하는 것이라 할 수 있다. 사물이 자신의 몸을 열어 보여주는 것은 긴 시간을 요구하는 것이 아니다. 잠시 그 본모습을 드러냈다가 사라질 뿐이다. 시인은 사물이 몸을 드러내는 순간, 이런 순간의 현현을 놓치지 않고 사물과 자신과의 간극을 예리한 시선으로 잡아당기고 있다. "솟대 위에 /앉은뱅이 오리처럼/그리움 그렁그렁한/눈물꽃으로 피어나"는 순간을 목도한 시인은 결국에는 "새벽닭이/울음 잃고 낳은/아침의 태양"을 경험하게 되는 것이다. 시인이 그토록 간절히 맞이하는 시적 현현의 순간은 이토록 아름다운 것이다. 이 현상은 새로운 모습을 드러내는 특정한 시간 속에 들어가 있는 것은 아니다. 시인의 시선이 사물의 내부로 향하면서 새로운 인식에 도달할 때 명확하게 드러나는 법이다. 이때 자아의 내적 상황에

의해 공간과 시간 인식이 결정되는 것이다. 시간은 순간적이고 과정적인 실체이다. 그래서 과거가 모두 다 기억되는 것도 아니고 기억된다 하더라도 굳이 지금 나에게 의미 있게만 재생되지는 않는다. 우리의 기억이란 것은 어떤 특정한 시간에 대한 사실적 재현이라기보다 그것을 둘러싼 과정적 속성에 대한 상상적 유추적 구성으로 나타난다. 이럴 때 세계는 무엇보다도 이미지 외에 결코 다른 것이 아니기 때문이다.

인간의 모든 관계는 흔적을 남긴다. 그 흔적은 주로 언어 또는 장소에 남게 된다. 망각에 실패한 자의 언어는 유착된 기억으로 흔들리고 장소는 끊임없이 부재를 상기시킨다. 그 장소는 특정한 위치가 아니라 기억의 은유일 것이다. 기억 속에서 흔적은 집요하게 자각된다. 이는 의지로 제어할 수 없다는 점에서 그 흔적은 잔인하다. 그래서 불 균질한 기억은 "어떤 장소에 고정되지 않고 정체를 알 수 없으며 특정 지을 수 없는"(롱랑 바르트), 아토포스가 생성되는 곳이기도 하다. 거기에는 사랑하는 사람이 남긴 상흔이라든지 삶이 할퀴고 간 흔적들이 마무리되지 않은 상태로 머물게 된다.

이슬처럼
사라진 연정
서럽고 애처로워

일편단심
애(哀) 끓이며

상사곡 읊조리니

모진 세월
애간장 탄
심연의 넋두리

임이여 구박 마오
설부화용(雪膚花容) 아니지만
천박하진 않구려

화풍난양(和風暖陽) 벗하니
금사화
부럽지 않다오

—「할미꽃」 전문

시 「할미꽃」에서 보면 '할미꽃'으로 형상화된 화자를 기의의 영역에 투사시킴으로써 시적 기표를 해 내고 있다. 시인이 시적 화자를 하나의 사물로 변용시킬 수 있었다는 것은 자신의 외로움을 객관화시킬 수 있었다는 것을 의미한다. 이는 자아의 객관적 거리가 전제되지 않고는 이러한 긴장감과 냉정함을 유지하기가 어려운 까닭이다. 그러므로 대상에게 섬세한 촉수를 뻗으면서 심리적인 안정과 관조를 획득해 내는 것이다. 시인이 목도하는 「할미꽃」은 늘 "이슬처럼/사라진 연정/서럽고 애처"롭게만 보이고 자신을 투사시키고 나면 "일편단심/애(哀) 끓이며/상사곡 읊조"리듯 보이고 관조의 자리에서는 "설부화용(雪膚花容) 아니지만/천박하진 않구려//화풍난양(和風暖陽) 벗하니/금사화/부럽지 않다"며 강하게 고집하고 있질 않은가. 이는 잘생기진 못했지만, 화창한 바람과 따뜻한 햇볕과 함께하니 부러울 게 없다는 말, 그러고 보니 참 예쁜 할미꽃이로다.

윤주희의 시는 시적 주체와 시인이 구별되는 극적 시와는 다소 거리가 있다. 그래서 시적 주체에 시인을 치환하여도 무리가 없다. 자전적인 시적 주체, '나'의 전이된 형상이다. 윤주희의 시를 언뜻 보면 절대자에게 기대는 듯하지만, 그는 신이나 초월적 형이상학의 세계를 그리워하지 않는다. 오직 인간이다. 누군가를 그리워한다는 것, 그립다는 것은 시대가 급변한 지금에도 사랑하는 사람을 그리워하는 이 고전적 주체는 우리가 지구상에 존재하는 한 끊임없이 탐색해야 할 영원한 과제일 것이다. 그러나 시인에게 있어서는 그런 낭만적 그리움 너머의 그리움일 것이다.

4.

윤주희의 시에서 두드러지게 나타나는 또 하나는 불교적 토양이다. 이는 '산'과 '부처님'을 대상으로 한 '나'의 존재 의식에 대한 발로이다. 그것은 '나'가 누구인지를 선명하게 알 수 있게 하는 상징적인 것들이다. 하나는 주관이요 다른 하나는 객관이다. 여기서도 마찬가지로 나를 발견하기 위해 '나'는 '타자'를 볼 수 있게 됨으로써 비로소 나의 길을 찾을 수 있는 실마리를 찾는다. '타자'의 의미를 '사르트르'는 자신의 시선을 통해 나를 객체화시키고, 나의 존재근거를 마련해주는 존재라고 했다, 즉 이유를 모르고 이 세계에 출현한 나의 존재를 정당화시켜주는 존재는 다름 아닌 타자이다. 그러므로 타자를 접한다는 것은 또한 타자 속의 나를 발견하는 의미가 된다. 여기에서 '나는 누구인가'라는 질문에 대한 답을 가진 주체적인 존재로 탈바꿈한다. 이같이 나로부터의 존재 근거가 되는 타자는 바로 '산'이요 '부처님'이며 주관적 가치의 '행위'가 되는 셈이다.

부처님 전
금강경으로 앉힌 여의보주
민들레 홑씨, 바람 따라
터 잡아 뿌리내리듯
연기(緣起) 따라 돌고 도는 생,
빈손 들고 왔다
빈손으로 가는 생에
연연할 게 그 무엇일까
고운 햇살 한 줌 같이
곱게 피다지는 나팔꽃같이
유유하게 흐르는 물같이
세월에 순행하며
때가 되면 안식을 찾아
눕는 것이 인생이겠지
정처 없이 떠도는 영혼의 방랑자
그도 무상심 갈구하며 떠돌았을까?
우리 일생도 그러하리라

—「무상심(無常心)」 전문

인용 시 「무상심(無常心)」에서 시인은 부처를 중심 제재로 하여 속계의 무명과 갈애에서 벗어나려는 염원을 보여준다. 이 사회가 불안하고 세계 속에 피투(被投)된 실존의 처지성마저 흔들릴 때 나약한 인간은 더욱 신탁에 의지할 수밖에 없다. 시인은 현세적, 기복적, 내세적 발원이 교차되는 어느 신성의 공간에서 인간의 본능이 뒤집어쓴 모든 페르소나가 벗겨지기를 바란다. 그리고 누군가의 혼이라도 그러하기를 바란다. "부처님 전/금강경으로 앉힌 여의보주/민들레 홑씨, 바람 따라/터 잡아 뿌리내리듯/연기(緣起) 따라 돌고 도는 생"은 존재근거를 마련한다. "세월에 순행하며/때가 되면 안식을 찾아/눕는 것이 인생이겠지" 하고 참된 자아를 찾고 윤회의 업을 성찰하면서, 시인은 이 겸손한 삶의 태도와 더불어 "정처 없이 떠도는 영혼의 방랑자"가 된 망자의 혼과 함께 "우리 일생도 그러하리라" 고 무량한 저 생애를 넘어야 한다는 간절한 발원과 의지를 피력해 보이고 있다. 한편으로는 성찰적 회귀본능의 인간으로, 다른 한편으로는 새로움을 지향하는 구도자의 자세로 서 있는 윤주희는 나의 소리가 어디엔가 부딪혀서 메아리로 다시 들리는 현상을 목도하고 싶은 것이다. 이는 나의 외침이 더 이상 소음으로 생각하지 않기 때문일 것이다.

시 「염화미소」에서도 "…/빌고 또 빌고/천년만년 불어댈/그 어떤 바람 앞에서도/꺼질 리 없을 그 기도의 제목을/내가 훔치려 한다"고 고백하고 "일체 경계가 내 탓이라/시나브로 염화미소를 찾는다"고 하심의 경쾌한 마음으로 세계를 읽으려는 시인의 시도다. 이것 또한 결코 쇄말에 대한 집착이 아니라는 것을 보여주는 대목이며 상실에서 벗어나 삶의 지향점을 향해 나아가는 자세야말로 마지막 기회처럼 강렬하다. 그런 그의 결행에는 새로운 주체로서의 모습이 순수함과 함께 구체적으로 드러나기 때문이다.

윤주희 시의 기본적 인식은 시간성(과거와 현재), 자유지향성(사물과의 결합)을 내포한 구도적 자세를 내용으로 하고 그것을 사유하는 존재 탐색, 시니컬한 생의 인식을 표현하고 있음을 알 수 있다. 인간 자체가 하나의 기호로 인식되는 후기 모더니즘 시대에 그의 간주성의 시적 발상은 이채롭다. 언어의 뿌리는 사유에 있고 사유는 체험의 너른 땅에서 자란다는 말이 새삼 떠오른다. 그는 광대무변의 시간 앞에서 시간과 공간의 기원에 다다르려는 모험을 시도하려 하고 있다. 이때 그는 은폐와 개진에 관여하는 조정자의 포즈를 취하고 있다. 오래된 사물에 배어 있던 시간은 그 켜를 벗어내며 푸른 길과 황금빛 모서리의 원초적인 모습을 보여준다. 뿐만 아니라 사물의 시간과 인간의 시간 사이에 놓인 지정의 세계를 탐색하면서 내면 깊숙이 가라앉아 있는 존재의 경험과 시적 욕망을 전이하고 있다. 내놓은 언어가 단순한 창작행위를 벗어나 삶을 관조하는 성숙된 의식을 바탕으로 일군 결과물이라는데 이견이 없다.

이 도서의 국립중앙도서관 출판예정도서목록(CIP)은 서지정보유통지원시스템 홈페이지(http://seoji.nl.go.kr)와 국가자료공동목록시스템(http://www.nl.go.kr/kolisnet)에서 이용하실 수 있습니다. (CIP제어번호 : CIP2020025881)

화풍난양 벗하니

초판 1쇄 발행 2020년 7월 1일

지은이 윤주희

펴낸이 임병천
펴낸곳 책나무출판사
출판신고 2004년 4월 22일 (제318-00034)

주소 서울시 영등포구 신길3동 325-70 3F
전화 02-338-1228 **팩스** 0505-866-8254
홈페이지 www.booktree.info

ISBN 978-89-6339-655-2 03810

*한국예술인복지재단의 창작지원금을 받아 제작되었습니다.